AF563163

RÉPONSE

AUX DÉPÊCHES

DU CHARGÉ D'AFFAIRES DE FRANCE,

À BERLIN.

RÉPONSE

AUX DÉPÊCHES

DU

CHARGÉ D'AFFAIRES DE FRANCE

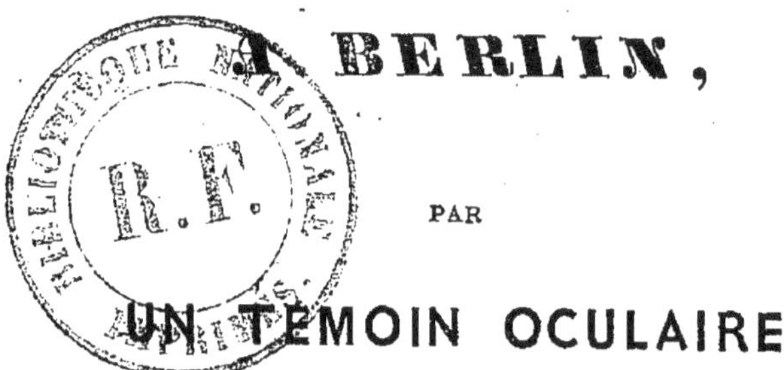

A BERLIN,

PAR

UN TÉMOIN OCULAIRE.

PARIS,

IMPRIMÉ CHEZ PAUL RENOUARD,

RUE GARANCIÈRE, N. 5.

1848.

RÉPONSE

AUX DÉPÊCHES

DU CHARGÉ D'AFFAIRES DE FRANCE

A BERLIN.

Il faut convenir que la République française a été jusqu'à présent indignement servie par plus d'un de ses chargés d'affaires à l'étranger. Ces messieurs, pour s'épargner la peine de rapports sérieux avec les divers élémens qui entrent dans la composition des puissances auprès desquelles ils sont accrédités, ont suivi l'habitude moins coûteuse et plus expéditive, de s'abonner aux renseignemens de la première coterie qui veut bien se charger de les patronner et de les convertir.

En vertu du droit international, seul principe sérieux de la diplomatie, la diplomatie consiste à protéger hors de chez soi tous les intérêts opprimés, toutes les causes négligées ou méconnues, toutes les courageuses résistances, dont l'élimination convertirait les États en perpétuelles et réciproques machines de destruction et de violence. Il en résulte que tout ambassadeur, qui au lieu de rechercher à l'étranger, vaillamment, péniblement, l'alliance des minorités opprimées, s'y affilie sans examen aux prépondérances oppressives, trahit tout bonnement son pays. Que si ces causes opprimées sont en même temps une cause européenne, un de ces holocaustes séculaires, au tourment desquels sont suspendues les destinées de l'humanité entière, vous concevez dans quelle proportion grandit la responsabilité de ceux qui, ayant reçu mandat pour les reconnaître et les défendre, s'abandonnent contre elle à une malveillance puérile, voire même, à de viles calomnies.

C'est le genre d'iniquité dont s'est rendu coupable M. de Circourt, chargé d'affaires de France à Berlin, dans les dépêches qu'il adresse à son gouvernement sur les événemens de la province polonaise de Posen. Ces déplorables dépêches ont fait descendre leur auteur au rôle d'un vulgaire imposteur. Pas une ligne, à dater du 1er avril, qui n'y soit une lâche insinuation, ou une fausseté révoltante. Parcourons-les rapidement.

« 1er avril. — Dans la Haute-Silésie, les paysans de race polonaise dévastent et détruisent les habitations. »

Or, il est avéré que ces excès sont l'expression de la guerre industrielle, qui se fait de temps immémorial dans cette province, entre maîtres et ouvriers. Le paysan polonais n'y a jamais participé que d'une manière très indirecte; comme ouvrier, si par hasard il l'est, nullement comme Polonais.

« 3 avril. — Les Polonais dans le duché de Posen, exercent les violences les plus brutales contre les Allemands. »

Eh bien! tout le temps qu'a duré le triomphe des espérances polonaises, pas un abus, pas une avanie sérieuse et préméditée n'a été exercée contre les Allemands et les Juifs, que les libérés de Berlin avaient pris à tâche de recommander à la fraternelle bienveillance du peuple polonais; assurément, c'était une tâche passablement difficile, que celle de réconcilier d'avides colons, d'impitoyables bureaucrates, des garnisons brutales et d'insatiables usuriers avec leurs victimes séculaires. Aussi, n'est-il pas surprenant que le peuple, dont les haines comme les attachemens sont si tenaces, n'ait écouté les conciliateurs qu'avec beaucoup de méfiance. Pourtant, grâce aux efforts de ces nobles cœurs que les Prussiens laissent maintenant s'éteindre dans leurs cachots, cette paix boiteuse durerait encore, sans l'insigne mauvaise foi des autorités de Posen. Qu'il nous suffise de rappeler qu'à la date du 3 avril, plus de douze parfaits assassinats étaient déjà commis par les troupes prussiennes, lorsque les *violences brutales des Polonais* se réduisaient encore à une demi-douzaine de carreaux brisés chez les Juifs, connus pour instigateurs de ces meurtres.

« 4 avril. — La population allemande, partout en armes, a

brûlé le drapeau polonais, et emprisonné les agitateurs dans les districts slaves. »

C'est là apparemment encore une preuve de violences brutales auxquelles se livrent les Polonais contre les Allemands.

« Les paysans se soulèvent contre les seigneurs, les massacrent, les chassent, et protestent de toutes les manières, contre le retour du régime polonais, qu'ils considèrent comme le rétablissement de l'ordre équestre, etc. »

A cela nous répondons : 1° *Pas un propriétaire polonais* n'a été, soit massacré, soit chassé, jusqu'aujourd'hui, par les paysans polonais, sur toute l'étendue du duché de Posen, malgré les menées désespérées des autorités prussiennes, pour y opérer une diversion *à la Krieg et Szela ;* 2° les trois quarts des gentilshommes ou bourgeois polonais, qui avaient pris les armes, étaient tués, en fuite, ou en prison, qu'encore les paysans continuaient pour leur propre compte une guerre d'extermination contre les grandes compagnies et les tard-venus de la Poméranie, du Brandebourg et de la Silésie. Est-ce concluant ?

« 8 avril. — Les paysans polonais ne veulent point de la reconstitution polonaise, etc. »

Que voulez-vous que l'on réponde à cela ?

« 14 avril. — La population allemande tout entière armée, ne se borne plus à la défensive. Elle agit agressivement contre l'organisation polonaise. Le corps entier des paysans est prêt à faire cause commune avec elle. »

Ajoutez à cela, les 40,000 hommes entrés dans la Posnanie, pour soutenir ces deux adversaires de la reconstitution polonaise, et nous demandons qui donc alors a battu quinze jours plus tard cette formidable coalition sous Miloslaw et sous Wrzesnia? Serait-ce l'ombre des seigneurs déjà massacrés par leurs paysans?

« 15 avril. — Les Polonais envoyent députation sur députation à Berlin, pour garder l'organisation prussienne. »

Nous n'avons rien à dire à cela, sinon que nous donnons notre parole d'honneur, que nous citons textuellement.

« 19 avril. — Les émigrés polonais poussent à l'émeute, par tous les moyens possibles, les clubs ultra-démagogiques, et les ouvriers de Berlin. »

Et ces loyaux ouvriers n'ont pas massacré ces infâmes tentateurs!... L'on voit bien qu'ils n'ont pas encore goûté au sang et aux larmes de la Posnanie. Mais patience, car :

« 21 avril. — Le peuple de Berlin considère désormais les intérêts de la nation polonaise comme incompatibles avec les siens propres. Si la France menace ou inquiète l'Allemagne au sujet des Polonais, il y aurait alliance entre la Prusse et la Russie, et ces deux puissances pourraient anéantir la Pologne avant que l'armée française eût passé le Rhin. »

Nous livrons à la réflexion des plus indifférens, cette phrase enragée.

« 27 avril. — Les peuples slaves sont incapables de rien constituer seuls. Les Polonais doivent être considérés seulement comme un élément de désorganisation au service de la France. »

Et c'est un chargé d'affaires de France, qui écrit cela à son gouvernement !

« 30 avril. — Les scènes de Cracovie ont exaspéré les Prussiens de toutes les opinions contre les Polonais. Ils seront expulsés de Berlin pendant les élections. »

C'est bien la plus cruelle et la plus mauvaise plaisanterie, que jamais homme sérieux se soit permise contre une ville mitraillée et bombardée. Est-ce la maladresse des canonniers autrichiens qui a exaspéré les Prussiens ? Mais ils ne tirent déjà pas si mal ! L'artillerie prussienne, aussi habile devant Xionz, l'a été beaucoup moins sous Miloslaw et sous Wrzesnia. Est-ce donc au contraire la jalousie qui exaspère les Prussiens de toutes les opinions ? On s'y perd.

« 1er mai. — La haine la plus décidée entraîne aujourd'hui toutes les classes, et la croisade contre les Polonais est prêchée dans tous les clubs. Des corps volontaires armés et organisés pour l'armée du Schleswig veulent partir maintenant pour la Posnanie, au secours des Allemands. Ce ne sont plus les Polonais qu'on plaint, *mais les victimes allemandes massacrées à Cracovie*, etc. »

La première partie de cette nouvelle peut se passer de commentaire, aussi bien tout le monde sait que la haine contre les Polonais a cela de particulier qu'elle grandit en raison du mal qu'on leur fait. Quant aux victimes allemandes massacrées à Cracovie, nous avons beau chercher, nous n'en trouvons et n'en savons que de deux sortes. Les premières sont celles que les éclats de bombes autrichiennes ont atteintes ; il y en a peu, parce qu'il y a peu d'Allemands à Cracovie, et que le peu qu'il y en a, sont de très bons patriotes, leurs familles étant établies de temps immémorial dans cette cité jagellonienne. Dieu nous en donne de pareilles à Posen ! Les Juifs même, par exception, y sont très zélés pour la cause polonaise. Il n'y a à Cracovie que les Autrichiens d'étrangers ; ce n'est pas comme à Posen. Aussi bien la deuxième sorte d'*Allemands massacrés* à Cracovie, ce sont les soldats autrichiens qui en échange de leurs feux de pelotons et de batteries, ont reçu du gros plomb et quelques coups de faux ; mais à cet égard, nous laisserons le public européen se prononcer entre les massacreurs et les massacrés.

« 3 mai. — La guerre se propage en Posnanie. Le 30 avril, Mieroslawski attaqué dans son camp de Miloslaw par des forces prussiennes très supérieures est resté maître du champ de bataille. D'après tous les renseignemens pris avec le plus grand soin, il paraît certain que la provocation matérielle est venue des Polonais, tant en Posnanie, qu'à Cracovie. »

Pour ce qui est de Cracovie, il est de notoriété publique, que suivant leur vieux système de perfidies et de guet-apens, les réactionistes autrichiens n'y ont attiré les émigrés, et n'y ont permis un simulacre d'armement bourgeois, que pour provoquer l'occasion de replacer cette malheureuse cité sous la verge de l'état de siége. Il faut être candide comme un chargé d'affaires de France à Berlin, pour n'avoir pas deviné cela, après les sinistres expériences de 1846.

Pour ce qui concerne la Posnanie, voici d'où vient la provocation, n'en déplaise aux renseignemens pris avec tant de soin par les Juifs de Posen, et leur fidèle écho M. de Circourt. A la suite de l'insurrection de Berlin, la Prusse eut peur d'une invasion russe. Le gouvernement prussien, tout en détestant les Polonais en raison du joug qu'il leur inflige, fut forcé un instant de se plier aux généreuses et sages sympathies du peuple de Berlin, pour ce boulevard démantelé de l'Allemagne. L'on accorda alors aux Posnaniens une sorte de tolérance officielle pour tout ce qu'ils tenteraient eux-mêmes en vue de dresser une avant-garde contre la Russie, sans qu'il en coûtât rien au trésor de l'État. Levées de volontaires, armement par souscriptions, appel aux officiers émigrés, excitation de sentiment national, d'accord avec les intérêts de l'Allemagne, tout fut promis et encouragé, sous la seule condition de ne point compromettre trop tôt et trop haut le cabinet de Berlin.

Cependant une funeste réaction ne tarda pas à se manifester dans toute la monarchie, mais bien plus particulièrement dans les provinces polonaises ; car c'est une des fatales destinées des nationalités conquises, que de ne jamais être plus opprimées que durant les jubilés libératifs de leurs conquérans. Le spectre sévère de la nationalité polonaise épouvanta les démembreurs, et à peine évoqué, il resserra aussitôt leur complicité traditionnelle. Russes, Prussiens et Autrichiens, brouillés sur toute autre chose, retrouvèrent leurs alliances de 1773, 1791 et 1815, pour empêcher la résurrection de leur lamentable victime.

Après avoir tout fait, tout permis, tout compromis pour armer les Polonais du grand duché de Posen, on les somma un beau matin de rentrer dans le néant et dans la servitude. A l'appui de cette sommation, des forces énormes affluèrent, en quelques jours, des quatre provinces qui enveloppent la Posnanie. Cette invasion s'annonça de suite par tous les excès dont est capable une soldatesque à laquelle l'autorité est obligée de tout permettre. En même temps la Russie, toujours en mesure, toujours menaçante, toujours catégorique, déclara nettement au gouvernement prussien que, s'il ne se montrait pas assez fort pour étouffer toute manifestation de polonisme dans le grand duché de Posen, elle était décidée à y faire la police pour lui. Les Polonais, que rien n'obligeait à se plier aux tergiversations de la Prusse, allaient naïvement leur train, persuadés, la plupart, que l'agglomération des troupes prussiennes sur la Warta, n'avait en vue qu'une guerre inévitable avec la Russie. Cette même erreur excusait, aux yeux de beaucoup, le vandalisme de ces troupes, parmi lesquelles une haine sauvage contre les Polonais, suppléait déjà à toute discipline et à toute ardeur militaire.

Pour achever l'illusion des Polonais, le gouvernement prussien envoya comme médiateur entre eux et les autorités réactionnaires de Posen, le général Willisen. A en juger par les résultats, la mission bien involontaire de cet homme, aussi honnête que malheureux, paraît avoir été de préparer la défaite complète des Polonais par un désarmement préalable.

C'est ainsi qu'il leur imposa la convention du 11 avril, par laquelle leurs forces légales durent être réduites à quatre bataillons de six cents hommes, et à quatre escadrons de cent vingt chevaux chacun, emprisonnés dans des garnisons fixes, et privés de tous moyens sérieux d'armement.

A quel prix le général Willisen, trompé et se trompant lui-même, put-il tromper à son tour le comité national, au point d'obtenir sa signature pour ce traité de désarmement? Lisez la convention du 11 avril, et vous l'apprendrez. C'est en s'engageant, au nom du roi, à reconstituer immédiatement le duché de Posen sur des bases polonaises, notamment à exclure tous les Allemands de l'organisation militaire de la province, et à former un corps essentiellement national. Les cadres convenus dans le traité, combinés avec la *landwehr* polonaise, devaient constituer ce corps. Comment se défier des conventions signées en présence, et comme sous la garantie de deux armées, par un plénipotentiaire royal; par un célèbre et loyal général, qui avait fait d'une guerre avec la Russie le problème de toute sa vie, et dont l'envoi seul dans le duché de Posen était aux yeux de tous une déclaration d'hostilité contre cette puissance?

Trois jours sont fixés pour désarmer et licencier les dix-huit mille faucheurs, chasseurs ou cavaliers, excédant l'effectif indiqué par la convention, mais qui, d'après celle-ci, devaient bientôt entrer dans l'organisation polonaise par une voie régulière. Aussitôt ce peuple, que rien ne peut distraire de sa défiance envers les vieux ennemis de son pays, crie à la trahison, et s'en prend à ses chefs. Ceux-ci, plus crédules, peut-être aussi plus las de cet insupportable état de gêne et d'incertitude, s'épuisent en efforts conciliateurs. Ils réussissent enfin à dégager les trois mille recrues réglées par la convention, des levées temporairement désarmées et licenciées.

Ce résultat ne faisait qu'à demi le compte des autorités réactionnaires de Posen, qui se trouvaient avoir pour rien rassemblé près de quarante mille soldats, déclaré Posen en état de siége, mis les armes aux mains de toute la population juive et allemande, proclamé une croisade ridicule contre leur propre avant-garde. Donc elles résolurent de saisir le premier prétexte venu, moins pour se débarrasser d'un misérable cadre, que pour provoquer des soulèvemens de paysans, qui donnassent un démenti à l'arbitrage du général Willisen, contre lequel la bureaucratie, le parti militaire et la population juive, conjurés par des regrets communs, nourrissaient une haine ardente.

Dans un pareil état de choses, qui donc avait intérêt à la provocation?

Passons les assassinats isolés, les outrages, les arrestations, les vandalismes de toute sorte, déjà accomplis par les Juifs et les colons, sous la responsabilité et en compagnie des troupes prussiennes.

Oublions, s'il est possible, que la forteresse de Graudentz et les prisons de toutes les villes où l'élément allemand domine, regorgeaient de prisonniers polonais, avant qu'un seul de nos fusils ait été déchargés sur ces tourmenteurs acharnés. Abordons les collisions sérieuses :

Les quatre garnisons assignées par la convention du 11 avril aux cadres nationaux, étaient les villes et les environs de Wrzesnia, de Miloslaw, de Xionz et de Pleszew; juste l'espace nécessaire pour nourrir trois mille hommes pendant huit à dix jours, car les Prussiens interceptaient avec le plus grand soin, l'arrivée des convois dans ce rayon. Quelques jours après que la convention eût été signée, il prend envie aux Prussiens de s'emparer de Wrzesnia. Le chef de ce camp, beaucoup trop complaisant, se retire sans résistance à Nowe-Miasto, dans l'intérieur du triangle formé par les trois autres garnisons, abandonnant ainsi près de la moitié des quinze lieues carrées, où on les tenait assiégées et refoulées contre la frontière russe. Ce premier succès encourage les Prussiens. Maintenant il leur prend envie de disperser le camp de Pleszew, et ils lui enjoignent de se partager entre Raszkow et Odolanow. Les malheureux se soumettent à ce caprice désorganisateur, mais à peine parvenu à Odolanow, le détachement polonais, envoyé là par le général Willisen, est surpris, écharpé et chassé par les troupes du colonel de Bonin. Ce loyal colonel avait assisté de sa personne, aux ordres de dislocation, donnés par le général Willisen aux officiers du camp de Pleszew!

Déjà les troupes prussiennes s'étaient livrées à des scènes de massacre contre la population de Gostyn et de Kozmin, pour venger, disaient-elles, la mort d'un sous-officier. Comme néanmoins ces endroits n'étaient point gardés par nos cadres, l'on avait cru devoir se taire et se résigner. Mais à l'attaque d'Odolanow succède immédiatement celle de Raszkow. La résolution d'exterminer nos cadres ou de les refouler sur les Russes, devient manifeste. Alors seulement, chargé provisoirement du commandement de cette poignée de recrues désarmées, affamées, déguenillées, investies de tous côtés, Mieroslawski prend ses mesures pour défendre le traité du 11 avril. Sur ces entrefaites, Willisen était parti pour Berlin, afin d'obtenir des pouvoirs et surtout des moyens conformes à sa mission; mais les autorités de Posen avaient hâte de mettre son absence à profit, pour renverser son œuvre fragile.

Après Raszkow, Xionz est assailli par le général Brandt, sous le prétexte d'une mesure parfaitement légale de police militaire, que le chef de ce camp s'était vu forcé de prendre à l'égard de deux hommes suspects, et qui n'avaient été condamnés qu'à de simples arrêts. Les sept cents recrues de ce camp héroïque se font tuer sur leurs barricades, avec leur colonel en tête, ou sont prises, couvertes de blessures, après six heures de résistance. Pour se faire une idée du dénuement de ces prétendus cadres, qu'il suffise de dire que, sur sept cents hommes, quatre-vingts seulement étaient armés de mauvais fusils de chasse, sans autres munitions qu'un peu de poudre de hasard, et des hachures de plomb. Le reste portait des bâtons ferrés ou des faux redressées sur leurs manches, en attendant patiemment, sur la foi de la convention, que le gouvernement les armât et les équipât.

Ces surprises, inouïes dans les fastes des nations civilisées, se succédèrent avec tant de rapidité, que Mieroslawski n'eut que le temps de retirer sur la rive droite de la Warta, ce qui n'avait pas été déjà détruit sur la rive gauche ; bien résolu du reste à faire une fois au moins payer chèrement aux généraux prussiens, leurs sanguinaires perfidies.

Le destin, qui semble avoir pris à tâche de nous faire descendre les derniers degrés du martyre, innocens de toute agression, nous épargna une fois encore la responsabilité de l'offensive. Le jour même, à l'heure et presque à la minute où Mieroslawski ralliait sous Milowslaw nos deux mille deux cents désespérés, les généraux Blumen et Wedel, amenant toutes leurs forces de Sroda et de Wrzesnia, l'attaquèrent dans son dernier réduit, après une sommation dérisoire.

Qu'après six heures d'un combat acharné, où cinq cents braconniers, trois cents lanciers et quinze cents faucheurs mirent en déroute sept mille hommes des meilleures troupes prussiennes ; qu'après avoir relancé l'agresseur à quatre lieues du champ de bataille, Mieroslawski ait pris l'offensive à son tour, pour attaquer et battre le général Hirschfeld, en avant de Wrzesnia ; il n'y a là rien, ce nous semble, qui puisse être taxé de provocation. La glace était déjà bien et duement rompue. Le temps des gladiateurs de cirque est passé, et nul esclave n'est plus tenu de mourir décemment pour le plaisir des bêtes auxquelles César le livre.

« 6 mai. — La guerre civile désole toute la surface de la Pologne prussienne. Mieroslawski a levé le camp et commence une guerre de partisans ; il a, à plusieurs reprises, franchi les frontières russes. A la guerre des races va se joindre une guerre de communions religieuses, et une guerre de caste. Mieroslawski veut essayer d'une émeute à Berlin, qui ne saurait réussir ; mais il compte surtout sur une manifestation armée, que le prétexte de la Pologne ferait éclater à Paris, manifestation à laquelle travaillent sans relâche les étudians. »

Absurdité sur absurdité. Mieroslawski n'a pas été en mesure de dépenser ses troupes en guerre de partisans ; n'ayant jamais eu en main au-delà des deux mille deux cents à deux mille trois cents recrues, que lui avait confiées la convention du 11 avril. C'est tout juste ce qu'il lui fallait pour repousser péniblement les forces des généraux Blumen et Wedel à Miloslaw, et celles du général Hirschfeld à Wrzesnia. D'ailleurs, ce n'est pas lorsqu'à ces deux colonnes se joignirent les énormes renforts du général Brandt, complétés en quelque sorte par le corps d'observation russe, rétabli le long de la frontière sur laquelle toutes ces masses le poussaient ; ce n'est pas dans une pareille situation qu'il aurait pu éparpiller le peu de forces dont il disposait. Mieroslawski n'a jamais mis le pied sur le territoire de la Pologne russe, où il eût été immédiatement enveloppé et broyé par les masses combinées des Prussiens et des Russes.

Mieroslawski n'a pas non plus essayé d'émeute à Berlin, par la simple raison que littéralement investi sur un espace de quinze à vingt lieues carrées, il avait peu d'une semaine et de mille ruses pour établir la moindre correspondance avec Posen. Ce n'était guère commode pour ameuter Berlin, où il ne connaît pas en tout quarante personnes, y compris ses geôliers. Jugez ensuite s'il lui eût fallu de longs bras pour agiter Paris.

« 7 mai. — Mieroslawski s'est déclaré généralissime de la république de la Pologne. . . . .
Mieroslawski, après s'être emparé de Buck, l'a pillé, incendié et abandonné. L'exaspération de la population allemande du duché est portée à son comble. »

Mieroslawski ne s'est rien déclaré du tout. C'est le comité national qui, du consentement de Willisen, l'avait déclaré d'abord chef d'état-major, puis inspecteur général des cadres décrétés par la convention du 11 avril. A ces fonctions très innocentes et très légales, ses compagnons d'armes substituèrent celles de *Naczelnik* ou chef, deux jours avant l'attaque de Xionz, ce qui ne fut, au reste, qu'une substitution de formes. Pourtant, ni cette poignée de braves abandonnés du monde entier, ni leur chef provisoire, n'ont jamais pensé qu'il convînt de proclamer République de Pologne, l'impasse étroit, dans lequel l'honneur national et la foi des traités, leur imposaient une lutte sans espoir.

Cette impasse est un mince triangle fermé par la Warta, la frontière russo-polonaise et la ligne des attaques prussiennes, étendue de Gnezne à Schrem. Nos deux mille hommes, une fois réfugiés sur la rive droite de la Warta, et tous les passages de cette rivière étant entre les mains des Prussiens, force était à Mieroslawski de s'y abattre et d'y rester. Il est donc inconcevable qu'on ait pu le supposer à Buk, bourg situé sur la rive gauche de la Warta, bien au-delà de Posen, sur la route de Brandebourg. En cela l'*exaspération* de cette pauvre population allemande ne paraît pas avoir mieux consulté la géographie, que le chargé d'affaires de France.

« 9 mai. — En Posnanie, la guerre a pris un caractère épouvantable. Nulle part on n'attend de quartier. »

C'est le langage de gens qui ne donnent point, mais qui reçoivent quartier très volontiers. Pas de phrases; mais que l'on nous cite un seul exemple de meurtre commis à froid sur les prisonniers prussiens, comme nous en aurions à citer cent et plus, accompagnés d'outrages et de tortures, accomplis non-seulement sur des Polonais pris les armes à la main, mais sur de paisibles habitans, dont le crime unique est d'avoir été rançonnés, tourmentés, traînés de prison en prison et d'injures en injures, pendant la moitié de leur vie (1).

Plus que deux mots de notre part pour terminer cette triste polémique :

Les débats du procès de 1846 ont mis à nu le lâche et avide acharnement de la bureaucratie prussienne contre la nationalité polonaise. Séquestrer

(1) Le commandant de place à Miloslaw, Snowadzki, fut chargé par Mieroslawski de proposer au général prussien de Blumen, l'échange des prisonniers de guerre faits dans le combat de Miloslaw. A cette proposition, le général de Blumen répondit par la lettre suivante :

« Monsieur le commandant, votre lettre bienveillante m'apprend « la conduite pleine d'humanité dont sont l'objet nos prisonniers et « nos blessés restés à Miloslaw ; je vous en exprime ma profonde re- « connaissance, et je viens vous assurer que tout Prussien, pour re- « connaître cette conduite significative envers nos prisonniers, se fera « un devoir sacré de traiter avec la même douceur les Polonais cap- « tifs et blessés.

« Comme le petit nombre des Polonais qui ont été faits prisonniers « à Miloslaw furent immédiatement relâchés, je puis vous assurer, sur « ma parole d'honneur, que je n'ai plus ici aucun prisonnier polo- « nais. Je ne suis donc pas à même de satisfaire à votre aimable « proposition, relativement à l'échange des prisonniers et bles- « sés. »

Au quartier de Schroda, le 2 mai 1848.

Signé : DE BLUMEN,
Général-major.

gens et fortunes, pour s'emparer du sol et le germaniser, tel fut le problème que se posèrent les instigateurs de ce fameux procès. L'on conçoit combien de larmes et de malédictions, combien de ruines, de douleurs, de morts lentes et ignorées, assumèrent alors sur leurs têtes les employés, les sbires et les colons prussiens. Qui ne se fût attendu à d'éclatantes représailles le jour où, dans un moment d'héroïque équité, le peuple de Berlin mit à néant les pièces du procès, et renvoya les Polonais dans leurs foyers, absous et triomphans? Eh bien, que l'on nous cite un seul acte de cette nature; pardon, oubli, ou dédain tout au plus, pas d'autre tallion, à une époque où la province était entre les mains de ces libérés de vos humides enfers!

Ah! tyrans exécrables, qui crachez sur nos blessures, qui marquez de vitriol la chair que vous n'avez pu tenter, qui exercez vos tirailleurs sur de pauvres fuyards désarmés, qui déjà faites horreur et dégoût aux Russes eux-mêmes, vos maîtres et vos complices, Dieu vous a-t-il donc ôté, avec la conscience, toute mémoire de ces temps expiatoires, où vous vous abritiez dans nos bras, contre la faux inquiète et soupçonneuse de nos paysans? Calomniez-nous donc encore!

Consultez les officiers et les soldats prussiens faits prisonniers au combat de Miloslaw, le lendemain du massacre de Xionz, et lorsque ce bûcher de martyrs fumait encore. Notre exaspération, ce jour-là, valait bien certainement celle que vous supposez à vos Juifs privés d'un mois d'intérêts à vingt-cinq pour cent. Quelle fut notre vengeance? que messieurs de Wedel, Panke, Tiekelmann, Knorr, et tant d'autres vous le disent. Ceux-là, du moins, ont vu le danger de près, et nous acceptons leur témoignage.

Imprimé chez PAUL RENOUARD, rue Garancière, n. 5.

www.ingramcontent.com/pod-product-compliance
Lightning Source LLC
LaVergne TN
LVHW010256230826
846091LV00007B/3008

* 9 7 8 2 0 1 1 7 5 7 6 0 9 *